I0791921

Mares vacíos

Armando Solís

ISBN: 9798320725482
Obra autopublicada.

Kindle Direct Publishing
Paperback edition 2024

Mares vacíos

Armando Solís

Dedico este libro a todas las noches de insomnio
en espera siempre de un nuevo día…
Gracias al que me dio licencia de escribirlo y
gracias al corazón que se inspiró en el alma de…
Eso el mundo no lo sabrá, me conformo con que
Dios me permita compartirlo.

Mares vacíos

Armando Solís

Prólogo

Espíritu libre, alma de soñador, intuitivo, valiente, en plena y constante conexión con el universo y la naturaleza, así es Luis Armando Solís, escritor nacido en México.

En esta obra, «Mares vacíos», nos presenta en una hermosa recopilación de poemas, un mar de sentimientos y reflexiones de su propia vida y experiencia, algunas también de sus fantasías y sus sueños que harán el deleite de cualquiera al que le guste o no la poesía y la prosa poética.

Este libro surge como una idea de plasmar todo lo que lleva mucho tiempo dentro, de compartir con el mundo sus sentimientos, sus pensamientos y emociones. Poemas escritos con el dolor del momento, los recuerdos del pasado o los anhelos futuros, la alegría, el amor, pedacitos del alma del poeta.

Con un estilo propio muy acentuado, mezcla de verso libre y prosa en ocasiones, manifiesta desde muy dentro de su alma lo que significa el amor, el desamor, la vida, la muerte, el sufrimiento, los amores imposibles, la belleza, la lucha interna y un largo etcétera.

Dedica también uno de sus poemas al huracán Otis del pasado 24 de octubre de 2023, acaecido en Guerrero, Acapulco y que él mismo sufrió en sus propias carnes temiendo por su vida y las de su pueblo.

Nadie como él para hacerte sentir la musa de su poesía, la reina de sus sueños o el amor que dañó su corazón. Consigue que interiorices sus letras, que te sientas protagonista, con ese especial estilo que tienen los de su tierra para elevar a las mujeres a la altura de diosas con lo más bonito, la poesía y las bellas letras. Esa dulzura y veneración mexicana hacia la mujer, a las que nos hacen sentir verdaderas princesas.

Sumérgete en su mundo, en su burbuja, en sus aguas y mares vacíos, no de sentimientos, porque de eso están llenos y disfruta de la majestuosidad de sus letras, porque si algo tienen es elegancia y sentimiento, romanticismo, sinceridad y alma.

Armando me ha enseñado a escribir con el corazón, cuando la inspiración viene y te hace que las letras fluyan solas, como una hoja movida por el viento. Es entonces cuando escribes más bonito, más de verdad, con puro sentimiento.

Su alma de guerrero está en continua lucha contra viento y marea, contra todos los avatares que la vida le presenta y así lo refleja en sus poemas, llenos de valentía y bravura.

Os dejo con uno de ellos para que podáis comprobar la belleza de lo que os vais a encontrar a continuación:

Mi día y tu noche

Qué raro es todo esto,
aquí está la luna a medio cielo
y allá el sol amaneciendo.
Yo aquí en silencio,
deseando estar bajo el mismo cielo.
Tú allá deseando estar en mis sueños.
Día y noche de un amor a destiempo.

Disfrutad de esta travesía por unos «Mares vacíos».

Prólogo: Anónimo

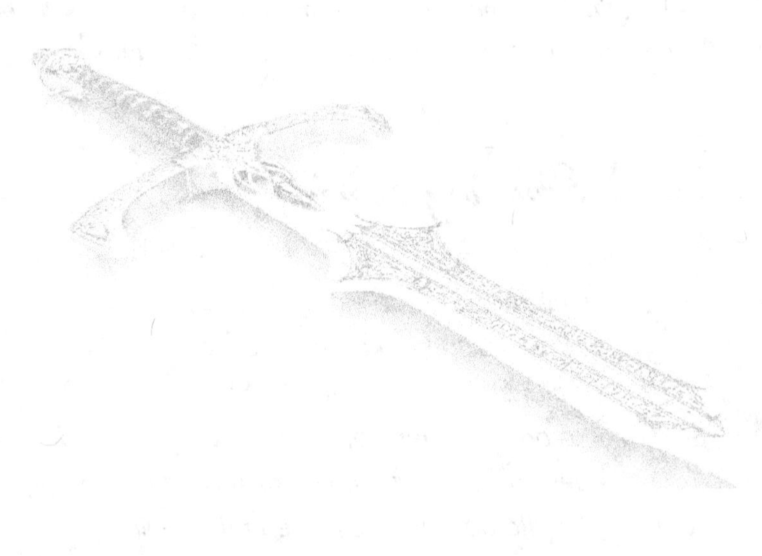

Mares vacíos

Ahora pido que tu amor sea fuerte
y no se quiebre tu escudo.
No levantes tu espada por mí,
porque abrí mi corazón
y has encontrado los vestigios
de un viejo amor
que yace en el fondo…
Déjame advertirte
que si decides viajar mar adentro,
encontrarás en mis aguas tranquilas
recuerdos bonitos
y también tormentas.
Remolinos de olvido
y corazones partidos.
No siempre fui noble,
debo decirlo.
Hallarás un océano de lo que he sido
y de lo que soy,
pero una cosa sí te digo,
que no te he mentido,

por eso te pido
que tu amor sea fuerte
y tu escudo no se quiebre
por encontrar en mí
el pasado fallecido.
Estoy lleno de tesoros no encontrados
y diamantes no pulidos,
diamantes que se pulen en tus manos.
Tus pies tocan las arenas
de mis playas desiertas,
y las olas de mis mares navegas,
mi sirena.
Todo lo que tocas revive
y las piedras se visten de corales.
Mis mares se llenan de alegría,
las nubes se retiran
y el sol brilla.
Tu luz ilumina mis profundidades,
y ya no hay soledad,
le has dado vida a mis mares.
A estos mares vacíos…

Mi leoncillo trillado

Día tras día lo imagino a mi lado
y a veces hasta converso con él,
llevamos charlando años
pero él se enteró apenas ayer.
Ya tenía tiempo sin escuchar
el rugir de mi leoncillo trillado.
Aunque nos separó la vida
y las circunstancias jamás
volverán a ser las mismas
como cuando lo tomé en brazos
por vez primera,
es para mí un orgullo
que él sea.
Su existir me vino a cambiar la vida
y su partida me dejó triste y desolado.
Mas que furioso, sentí dolor de soltarlo,
más bien me lo arrancaron, sí eso hicieron,
arrancaron de mí a mi retoño,
mi leoncillo trillado.
Llevo noches entre lágrimas
llamándole como un león
que perdió su manada
sigo firme en encontrarlo.

Sé que vive, lo he escuchado rugir lejos
muy lejos de mis llanos aterciopelados.
Vendrá a mí o tendré que cruzar la noche entera
entre lugares apartados
y enfrentar a quien lo tomó
sin tener en cuenta las consecuencias.
¿Cómo se atreve alguien
a tomar la cría de un león
y darse la vuelta para ponerle frente a frente
con la muerte que siempre le acecha?
Si vivo es porque quiero verlo
y decirle que nunca lo abandonaré,
aunque muera,
siempre en su corazón estará
un león fuerte
que no lo dejará
sea la batalla que sea.
Él lo sabe,
siempre lo supo,
porque ese león es su padre,
y su padre lo ama mucho
porque es su tesoro más preciado,
su imagen y la herencia que se le ha dado,
mi leoncillo trillado.

Que muera el amor o yo

A mí me da lástima lo que me pasa,
la veo sonreír con él,
y viviendo en la misma casa
donde yo la amé por tantas noches.
A mí me duele recordarlo
porque ella me dejó por él,
siento mucho que sea tan poca cosa
para poder tenerla.
Ella hunde su espada en mi amor
cada vez que él la toca,
la misma con que mató mis ilusiones
aquella noche cuando se apagó la vela.
A mí me da mucha pena
que a ella no le importe mi tristeza
y no me libere de mi condena.
Soy un mendigo al lado de ese hombre,
que ha logrado opacarme
ganando el corazón
de la que me ha envenenado.
Me rehúso a ser un cobarde,
pero ya estoy cansado de luchar.

Quisiera bajar mi espada
y la armadura quitarme.
Estoy herido de muerte
por la misma por quien vivo.
Estoy muriendo por ella
y viviendo por castigo.
Ella es feliz con él,
su sonrisa la delata,
que lo ama ya lo sé,
que debo irme también.
Pero antes debo matarlo,
sí, eso debo hacer,
matar el amor que me ata
a esa mujer.
Porque de otra manera
no puedo irme.
No puedo ser libre
amándola a ella
y ella con él.
O me muero yo
o que muera el amor
o morimos los dos.

Para que seas feliz

Tú escogiste destruirme,
y sobre mis pedazos
construiste un castillo.
Me alegro por ti.
Porque mi sacrificio
ha servido de algo,
para que seas feliz,
y jamás tomes
el trago amargo
de una copa rota
con la que corté mis labios
por amarte tanto, tanto.
Pero descubrí una cosa…
El amor tiene
un dulce sabor amargo.

Gotas de lluvia sobre mi piel

Está lloviendo como pocas veces.
Realmente en esas pocas
me ha tocado sentir
las gotas morir
sobre mi piel temblante.
Pero ahora solo percibo
la violencia con que
esas gotas se suicidan
sobre las hojas de los árboles.
Esta noche,
el sueño ha escapado nuevamente
y mi pensamiento
va donde extraña en un instante.
Ahí se refugia…
Para no mojarse.

Prometió un… Para siempre

Prometió mil cosas
y no cumplió ninguna.
Ponía fecha, pero al llegar el día,
siempre había algo
que cumplir su promesa impedía.
Prometió un para siempre…
¿Quién en su sano juicio promete
un para siempre en estos días?
Nadie…absolutamente nadie,
a menos que o estuviera loco
o estuviera mintiendo.
Pero lo peor de todo no era eso,
lo peor era que creía
cada uno de sus cuentos.
Quise realmente a esa mujer
pero supo hacerme sentir solo,
aun cuando estuviera ahí,
no supo dejar su orgullo y su soberbia
a un lado para venir a mí,
y darme un abrazo, darme paz.
Yo tampoco se lo pedí,
no lo valía.
Sería mendigar y comprendí
que yo merecía más.

El tiempo nunca se detiene

El reloj no nos perdona,
se van las horas
y nosotros nos morimos
con cada segundo que pasa.
El tiempo nunca acaba
pero la vida pareciera
que es su enemiga.
Se nos acaba la vida
mientras el tiempo continúa
y no hay manera
de regresar las manecillas.
Deberíamos ser eternos
y que la vida,
hiciera un pacto con el tiempo
para que nunca
envejezca nuestro cuerpo.
Sí, deberíamos ser eternos,
los que soñamos,
los que amamos,
los que queremos un mundo nuevo.

Mi regalo

Podría escribir mis tristezas cada noche,
con la sangre de mis propias venas,
pero nunca maldecir tu nombre.
Podría quejarme de mi vida
y maldecir mi existencia,
pero nunca dejaría de bendecir
la vida que Dios te dio.
No puedo quitar la culpa de tu conciencia,
pero sí puedo darte mi perdón.
Vive feliz
y olvida que un día,
este hombre dio todo hasta la vida
porque fueras la mujer más dichosa.
Un regalo de quien jamás te ha odiado,
por muy lastimado
que tus espinas,
mi rosa hermosa,
lo han dejado.
Tanto, que la sangre brota de los brazos
que alguna vez te abrazaron.

Con la fuerza de mi alma te amé

El amor quiebra el alma.
Por amor das la vida entera,
abandonas toda esperanza por amar
y te dejas atravesar
sin meter las manos siquiera.
Por amor viví y por amor morí,
y nunca más he jurado por mi ser,
volver a amar como la vez que amé
con toda la fuerza de mi alma.
Porque lo único que logré
fue ser atravesado
por la lanza de una mujer.
Mi vida entera se la entregué
y perdí como se pierde,
solo una vez.
Ahora, con las manos vacías
y la mirada perdida hacia la nada,
me digo a mí mismo,
nunca más… ¡Nunca!
Nunca más lo volveré a hacer,
mientras intento sacar la lanza

que atraviesa mi corazón.
Ni fuerzas tengo para estar en pie.
Te pienso y miro al cielo
deseando que no sufras como yo,
y que seas feliz, infinitamente, mujer.
Mientras, yo cargo con el castigo
de haberme enamorado de ti
y haber dejado todo por amor.
Aunque fui atravesado por la misma
a la que tanto amor le di,
no le guardo rencor.
Bendita seas,
mujer hermosa
y bendito sea mi Dios
a quien le pido la proteja
y que no la cubran las tinieblas,
como yo,
que vago en la oscuridad
de una soledad espesa.
Pago el castigo de los dos,
yo llevaré esta carga
hasta que mis fuerzas me abandonen
y llegue por fin la calma
de mi alma.

Con el tiempo se sana o se olvida

El corazón suele quebrarse en llanto
al madurar la herida
que tiempo atrás era una ilusión.
Ilusión que amargamente
acabó por traspasar
el alma y el corazón.
Pero el tiempo,
haciendo uso de sus dotes de doctor,
si bien no cicatriza sin marca,
por lo menos le da un respiro al corazón
nublando con olvido al pensamiento.

El precio por amar

No puedo entrar en esa casa
y volver a ver por esa ventana.
Mirar las mismas estrellas,
sentir el viento entrar,
porque querré volver el tiempo atrás.
Ese es mi deseo…
Lo sé, es cierto que nunca podré hacer eso.
Por eso no debo y no quiero sentir,
que el tiempo que ha pasado
lo he vivido en vano,
lejos de tus manos,
lejos de tus labios,
lejos de tus brazos,
lejos de ti.

Porque te amo, y así lejos,
he podido sobrevivir a duras penas.
Si regreso ahí, moriré de pena,
de saber que siempre será mi condena,
por un momento dar la vida entera.
Por un momento de ti.
Es mucho el precio,
eso lo sé muy bien porque ya lo pagué,
y ahora no tengo para pagarlo otra vez,
porque yo ya morí,
y pagué la deuda de amar
sin negociar el precio.

Algún día

Si resulta que a veces
te reflejas en otros ojos,
es solamente
que mi inconsciente me traiciona
jugándome una desagradable broma,
que me ata a la costumbre
de tener tu rostro cerca de mí.
Nunca he visto unos ojos
que me miren con tanto amor
como los tuyos.
Pero igual eso ya no importa,
tú ya no estás aquí.
Y aunque me traiciona la duda
y no siempre tomo las mejores decisiones,
estoy seguro
de que estarás mucho mejor sin mí.
Yo ya no puedo creer ni en ti ni en mí.
Algún día te soltaré,
algún día también seré libre,
como tú,
sin remordimientos,
ni conciencia.
Sin culpa…

El frío de la soledad

Sentimos frío, sentimos morir,
y buscamos a alguien que nos haga existir,
que nos devuelva la vida,
que nos regale un poco de calor
y si quiere un poco de su llama
para encender el corazón.
De buscar se nos va la vida
por las calles vacías.

Pasado amargo

Me está lastimando el pasado.
Me está reventando por dentro.
Las noches más eternas de vida
estoy viviendo,
y los días más amargos de vida
estoy sufriendo.
De noche lloro
y de día me atormentan los recuerdos.
El tiempo no tiene cura para esto,
y no hay manera de escapar de mí,
de mis adentros.

Corazón de León

Dentro de mí duerme,
es fuerte
difícilmente puedo dominarlo.
Me asusta despertarlo,
pero cuando lo hago,
toma el control de mí.
Un monstruo capaz de destruir
todo lo que soy en un instante,
que no tiene mente
sólo tiene corazón.
No razona.
No siente temor.
No siente dolor.
Es como un león.
Libre, pero preso de su sed.
Cuando logro atarlo nuevamente,
y vuelve a mí la razón,
vuelvo a ser yo.

Pero es necesario usar la mente
para atar al corazón,
y eso es lo que más duele.
Porque el corazón lo que quiere
no siempre es lo mejor,
y la razón escoge solo lo que es provechoso
porque no todo lo que se desea lo es.
Yo lucho contra él
y él lucha contra mí.
Mente y corazón
en un combate a muerte.
Aunque no siempre he ganado,
hoy mi mente es fuerte.
Por hoy le he vencido,
Por esta vez continuará dormido
hasta que…
hasta que escuche nuevamente su rugido.
Corazón de león herido.

Preso de tus ojos

Sí, es cierto.
estaba deambulando aquel día
y sin esperar nada,
apareció esa luz
que iluminó mi vida,
como si fuera el sol de la mañana.
No puedo encontrar el momento exacto
en que nuestras miradas
hicieron eso que se hace
cuando se sonríe con los ojos,
mientras los labios
se mandan un beso al viento
y el corazón se alborota por dentro…
He caído preso,
sin querer me atrapó
entre sus pestañas.
Preso de su mirada clara…
¿Cómo pasó esto?

De no ser nada, a serlo.
De no saber, a saberlo.
De no pensar, a pensarlo.
De no soñar, a soñarlo.
De no imaginar, a desearlo.
De no sentir, a sentirlo.
De no sufrir, a sufrirlo.
De querer, a amar,
y de no tenerla, a llorar en silencio.
No lo sé,
pero pasé
de ser libre cual gorrión,
a ser preso
de aquellos ojos pequeños.

Indiferencia

La siento lejana,
la siento cansada de mí,
de mis palabras.
Siento que no le place más mi presencia.
Que mi existencia le resulta vana.
Que le apetece mi ausencia.
La siento indiferente.
Quizá sea por la distancia,
o soy yo quien la pierde
cada segundo que pasa.
No lo sé…
Lo único que sé
es que la siento lejos,
y no puedo hacer nada,
porque siempre
ha estado lejos de mi cuerpo,
pero nunca
lejos de mi alma.

Olor a nostalgia

El viento trae olor a nostalgia esta noche
y las benditas nubes
cubren la luz de las estrellas.
Parece que saben
que está triste mi corazón.

Cantaré entonces para amenizar
un poco mi dolor,
y espantar las sombras de los recuerdos
que atan a mi razón
y no dejan descansar mis pensamientos.

Que venga a mi almohada el sueño
y se duerma mi alma un momento,
que me abrace la calma
que mis oídos besen el silencio
y se apague la luz
de mis ojos cansados.

Mi reina

Me enamoré de una reina,
una de verdad, con corona
y ropa color de fuego escarlata.
Yo, siendo un humilde hombre,
con oficio de guerrero,
me enamoré de su piel blanca.
¿Qué razón tenía el corazón
para condenarme así?
El caso es que es así,
me enamoré de sus ojos
y de su manera de sonreír.
Su mirada color miel
me ha robado la calma.
Su mano me ha dado de beber
un vino dulce
que embriaga mi corazón
de amor sincero y de calma.

Me protege y me cuida,
bajo su corona la lluvia no me moja
y del frío me abriga el alma.
Mi espada es suya
y mi escudo, a su voz
escucha librar cualquier batalla.
Su nombre significa protección.
Me ha dado de su nombre el calor
y el olor de su perfume.
Sus flores florecen a mi alrededor
y me cubren del sol.
Mi nombre significa guerrero ilustre
entre las batallas,
sí, guerrero soy.
Su guerrero.

El aroma del amor

El amor es como el viento
que se cuela entre tus dedos
y acaricia tus cabellos.
Se arremolina entre tus pestañas
y se mete en tus labios
para darte muchos besos.
Besos en la cara,
besos en el cuerpo,
besos en el alma
y hasta en los recuerdos.
El amor se va
pero deja marca,
una marca con olor a amores nuevos,
como de amores viejos,
y no se borra con nada,
ni con el tiempo…

Corazón desesperado

El corazón es desbocado a veces,
y el tiempo,
no sabemos cuánto nos espere…

Decepción

Cuando la tristeza te la causa
quien menos esperas, quien más amas,
el sueño se va y la nostalgia te abraza.
Las noches se hacen largas,
pero aún así, para llorar esa clase de pena
una noche no basta.
Solo arrancándote el alma
y sólo así quizá encuentres paz,
encuentres calma…

Y te besaré el alma

Déjame llegar a ti
y te besaré el alma
con una sonrisa.
Déjame acerarme
y te haré el amor
con una mirada.

Amor soñado

Ella duerme ahora
y mi amor está en sus sueños,
acariciando con ternura
su pelo.

Colgando de sus pestañas

En un abrir y cerrar de ojos
me vi caminando solo,
aunque el mundo ofrece
una variedad de acompañantes,
no encontré a nadie que valiera para eso…
hasta que la encontré a ella,
una década y media más lejana
y media tierra de distancia
entre los dedos de su mano y la mía.
Me prestó sus alas y me llevó a las alturas
de las montañas más altas y miré el mundo
por fin como lo ven las águilas
y no sé cómo será la vida después de ella.
Ella es la causa de que por alguna razón
yo esté aquí aunque deseaba
irme a descansar ya, me dio de su fuego
y encendió mi vida de pasión y deseo por vivir
y sentir el calor de otro corazón latiendo
al tiempo que late el mío.
Ahora quiero vivir.
Ahora siento la sangre correr por mis venas
y mi ojo solo tiene la vista en su luz
y mi corazón está prendido
a sus pestañas pequeñas.

La eternidad del amor

Quiero que te quedes,
un día entero y otro más.
Una semana y el mes completo,
y si pudieras, un siglo.
Que el tiempo no es problema
porque el tiempo es infinito.

Como yo te espero…

Sé que no soy el hombre que puede abrazarte,
no seré aquel que te dé un beso en la mañana,
ni el que cuente tus lunares.
No seré el hombre que se acueste en tu cama,
ni el que abra tu ventana cuando sientas calor
y te haga falta el aire.
Sé que no seré aquel
que te lleve de la mano por el parque,
o al que recibas cuando venga de regreso a casa.
No, no seré él,
pero siempre te cantaré
aunque estés lejos
y no puedas escucharme,
aun así, lo haré.
Siempre te escribiré mis versos
aunque nunca rimen, lo siento,
aun así te escribiré.
Siempre despertaré pensando si estás bien,
si necesitas algo, me preocuparé,
aunque nada pueda hacer.

Puede que esté al otro lado del mundo,
pero siempre recuerda,
para ti siempre estaré.
Cuando sientas el viento entrar por tu ventana
piensa que soy yo el que acaricia tu cara.
Cuando escuches la lluvia caer
piensa que te extraño
y que lloro por la angustia
de no estar a tu lado.
Si escuchas a un pajarito cantar,
piensa que soy yo
quien le ha pedido el favor de cantarte
por lo lejos que de ti estoy,
y si una noche conmigo sueñas,
piensa que te extraño y
que te pienso.
Tú no solo dejes de esperarme
como yo te espero,
no dejes de extrañarme
como yo te extraño,
y no dejes de sentirme
como yo te siento…

Ella

Ella es la causa de mis desvelos,
quien me despierta en las mañanas
y con quien sueño.
Ella es la paz que me cobija
y el calor de mis inviernos.
Es la noche de mis días
y canto de mi silencio.
Ella sabe que la quiero
y no es como ninguna,
es cierto.
Ella es blanca por fuera
como lo es por dentro.
Su corazón es muy grande
y de bondad tiene corona.
Es hermosa,
sus atributos son naturales
como los pétalos de una rosa.
Ella es…no dudo que es ella
La veo y la quiero
como se quiere la primera vez.
Es ella o ninguna.

Tiene que ser ella
porque si no es ella,
será la luna.
Que las dos están lejos
pero a una es a la que más quiero.
Ella es si acaso me caso otra vez…
Porque no me veo en otros brazos,
besando otros labios,
solo con ellas las noches se hacen pequeñas
y los días se van volando.
Si no está ella es como si estuviera perdido,
vacío…ella encontró lo que creí perdido.
Ella es por quién suspiro.
Ella sabe que la sigo,
y no me iré hasta que se acabe mi camino.
Es ella mi motivo.
Su corazón es de esmeralda
y su corona es de diamantes forjada en oro fino.
Elegante es su figura y de modos muy amables.
Es noble y de carácter suave,
si le regalas verdad
te regala su poesía.

Tus huellas en la arena

Te has convertido en sirena para mí.
Aunque no puedes respirar,
bajo el agua te has lanzado
al fondo sin pensar.
Yo, siendo lobo de mar
desde siempre,
me sorprendes de verdad.
Me resultas muy valiente
por atreverte a abandonar
tus huellas en la arena
y cantarme cual sirena
entre las aguas del mar…

La voz del alma

Sin corazón,
es imposible
que de la voz
y las letras,
nazca una canción.

Un loco de esos...

¿Sabe?
Me gustaría sentir ese abrazo
con el que sueña solo un loco de esos.
Como soy alto y usted bajita,
se me dibuja una sonrisa de imaginar,
pegada a mi pecho su mejilla.
Mis brazos largos rodeando su suave cuerpo,
su pelo metiéndose entre mis dedos.
Lo sé, son suspiros al viento.
Simples sueños,
ríos de sentimientos
que solo el pensamiento de un loco
puede navegar sin temor a naufragar.
Solo un loco puede imaginar
y soñar que abraza al viento.
Lo sé muy bien porque yo,
soy un loco de esos…

No hay consuelo para eso

Yo tenía algo,
algo que no valía nada para nadie,
pero para mí era más valioso que el aire.
Más valioso que el tiempo.
Más valioso que nada que exista en el mundo
y se pueda comprar con dinero.
Lo hice con mis propias manos,
le puse cariño y esmero,
le di alas de cartón.
No había nada que tuviera más valor
de todo lo que pudiera poseer yo.
Era intocable para todos,
y nadie tenía que…
Yo tenía algo que era todo
y ahora ya no lo tengo.
Le pregunto a quien lo tomó
¿dónde lo encuentro?
¿dónde quedó?
El fuego se lo comió.
¿Cómo pudiera ser eso?... nooo

No es cierto,
no es cierto.
Yo tenía guardado eso,
yo lo tenía para mí.
Era todo lo que tenía de recuerdo de lo que,
un día tuve
y ya no tengo.
Al llegar era mi consuelo
y al salir el motivo de volver.
Ahora vuelvo y no lo veo.
Salgo y no tengo por qué volver.
Sí, yo no puedo, aunque lo intento.
Yo le puse alas de cartón
y volaba hacia mis recuerdos.
Pero ahora ya no está.
No volverá jamás a volar con sus alas de cartón,
nunca más
y no hay consuelo para eso…

¿Qué si te extraño?

De hecho siempre acudo a ti
en mi pensamiento
y me siento fuerte porque siento
que solo necesito a Dios y a ti
para seguir viviendo.

Al son del corazón

Corazón de corcel enamorado
que con cada galope
se acerca más al aroma
de su rosa prisionera.
Pero que atrabancando y alborotado va
como potro desbocado,
al relincho de una yegua
en los llanos apartados.
Que ni corral, ni portones le detienen en el salto
como si tuviera alas pareciese
y brincando sobre el pasto se enloquece.
Al son del corazón le da vueltas
con faena a la potranca

color plata y de oro su melena.
Sin más el relinchido de los dos se escucha
dentro del corral.
donde por un momento prisioneros están.
Él la invita con un brinco a salir de aquel corral
y ella le corresponde al impulso
con bríos de libertad.
Ya muy lejos el corcel color arena
con su yegua van,
sin rumbo galopando
entre la luna llena y el mar.
Libres como el viento,
se pierden en la oscuridad.

Como yo la amé

Soñé con hacerla feliz
mientras mi Dios me diera aliento,
pero ella prefirió otros besos
dejándome en agonía.

Soñé con amarla mil noches
y otras mil a mi pecho abrazarla,
pero ella eligió otros brazos,
dejó mi vida vacía.

Soñé con verdaderas ansias
unir su arroyo junto a mi vereda un día,
pero ella decidió regar las uvas
de otra viña.

Soñé que me amaría con las fuerzas
con que yo lo hacía,
pero ella a otro le dio el corazón
y a mí una amarga despedida.

El filo de la culpa

Qué duro es sentir culpa,
de esa que sientes
cuando lastimas a alguien sin querer.
Te sientes triste,
sin saber qué hacer.

La muerte es mejor que el castigo de extrañarla

Las noches que fueron de mi juventud,
las más tristes se las dediqué
a la tristeza de estar sin ella,
y de nada me sirvió llorarlas
porque aún se me siguen haciendo
las dos de la mañana sin poder dormir
y ni una sola vez sin soñarla.
Por vida de mis entrañas
que la muerte es mejor castigo
que extrañarla.

Dime

¿Tú conoces el olor del amor?,
ese que nace entre dos cuerpos
al fundir su alma y su calor
en una sola…
¿Alguna vez has disfrutado de su aroma?
Dime…

El mejor regalo

Estoy pensando…
¿qué hice bien para merecer
el regalo de conocerte?
Y no encuentro qué
o cuándo,
solo sé
que eres por mucho,
lo mejor que me ha pasado.

Amores celosos

Me arde el corazón.
Me quema la idea de pensar
en que la belleza que te adorna sea ajena.
Mis ojos no podrían contemplarte
sin sentir celos de cualquiera que te vea
por la calle que anduvieras,
aunque sin querer lo hiciera.
Lo odio, sea quien sea, por mirarte,
porque yo quisiera contemplarte
un instante aunque sea, uno me bastaría
o las primaveras que Dios me diera.
Es injusto que te quiera y no te vea.

Qué tragedia la mía, qué tristeza más grande
y qué profunda pena la que me parte
el no poder verte, las horas se me hacen eternas.
Me atormenta la idea de que alguien sí pueda,
porque yo quisiera y mis ojos
no pueden alcanzarte, aunque lo quiera.
Qué envidia del que si lo hace,
debe ser la cosa más deleitable verte
en aquella ciudad donde
pueden verte a la hora que fuera.
Menos yo, porque estoy distante de tu vereda.
Qué suerte la mía tan negra.
Que solo pueda consolarme pensando
en la que me hace soñar…

Y es mejor que no lo sepa

Si ella supiera
que con saber que me piensa
ya me ha bajado una estrella,
el universo se quedaría sin una sola de ellas.
Pero no lo sabe,
y es mejor que no lo sepa,
porque sería para mí
la galaxia entera.

Me es preferible así

Prefiero sufrir esperando un nunca,
me es preferible morir así,
a saber que lloras por mi culpa.

Entre un mar de terciopelo

Él le preguntó:
¿Por qué no dejas que el mundo vea tu belleza?
Ella respondió:
Algún día…

Cuando el sol y la luna se unan
los relojes se vuelvan locos
y el tiempo se detenga.

Entonces el mundo te contemplará
como cuando se contempla a una flor
en medio de la quietud de un desierto.

Un momento eterno
entre un mar de terciopelo.

La poesía del alma

Es sentir la piel y el corazón,
el alma en cada letra.
Respirar y sentir el aire entrar y salir
en forma de letras
como si la marea arrastrara a la playa
los diamantes que el mar posee
y los dejara en la arena.

Les preguntaré si te han visto alguna vez

Cada mañana mía es tu atardecer,
cada media noche mía es tu amanecer.
El cielo mío ya ha sido tuyo antes
o quizás al revés.
Las nubes lo saben,
les preguntaré si te han visto alguna vez.
Que respondan les diré,
que me avisen cuando lloras
y cuando ríes también.
Que me regalen las gotas de tus lágrimas
para mi sed.
Que me dibujen tu sonrisa
en el arcoíris cada vez que deje de llover,
y que te roben una mirada para mi amanecer.
Que me dejen de ti tus cabellos rizados,
como nubes de algodón
que se peinan con el roce de los cerros
y montañas a la luz del sol naciente.
Sí, les preguntaré si te han visto alguna vez…

Una sola vez

He amado como todos,
Una sola vez.

Mi día y tu noche

Qué raro es todo esto,
aquí está la luna a medio cielo
y allá el sol amaneciendo.
Yo aquí en silencio,
deseando estar bajo el mismo cielo.
Tú allá deseando estar en mis sueños.
Día y noche de un amor a destiempo.

Debería ser así

¿Tu corazón de quién debe ser?
¿De aquél a quien le has jurado amor eterno
y no ha sabido valorarlo?
¿O es más bien de aquél que te ha dado
su tiempo y se dedica a cuidarlo?
¿De aquél que te ha puesto un anillo
de compromiso en la mano?
¿O aquél que te da la vida sin pensarlo?
¿Quién merece adornar con tu belleza
sus sábanas blancas?
¿Acaso aquél que puede darte un palacio,
comodidad y paredes pintadas de soledad?
¿O de aquél que su motivo de vivir
sea el verte sonreír
y hacerte feliz mientras vivas?
Tu corazón debería de ser
de aquél que antepone su felicidad
antes que a su propia vida.
Debería ser así, aunque la realidad a eso
la llaman fantasía y,

entre máscaras y sonrisas fingidas,
se disfraza una felicidad, vacía de un amor
con fecha de caducidad.
Se termina caminando en un desierto
sediento de amor real, hambriento
de un amor de sentimientos,
esa es la triste realidad y
las mentiras se vuelven
el pan de cada día y,
ahí se encuentra uno amando a escondidas,
porque eligió el dinero o la comodidad
de su familia y el amor
lo dejó para otro día.
Se piensa que el amor es complicado,
pero no es así, lo complicado es nuestra forma
de vivir y de cómo pensamos.
Elegimos lo que es más fácil de tener
y al final es lo que termina matando

nuestro ser y nuestras ilusiones,
porque resultó no ser lo que esperamos,
y así se nos va la vida.
Atados a una piedra, bajo el fondo del mar
de nuestras desilusiones,
ahogando el llanto cada noche
todo por no querer enfrentarnos
desde siempre al qué dirán
y elegir al amor y la felicidad.
Le damos prioridad
a lo que hace feliz a los demás…
y quedamos atrapados en un camino
que no tiene destino,
pero si tiene un final, más no puedes
dar marcha atrás a lo vivido,
así que, solo te queda esperar
o tirarte al vacío…

Hasta el amanecer

Noche de luna llena,
lluvia de luz blanca
que opaca del cielo
las estrellas.
Luna dueña de mis esperanzas
que a mis noches oscuras bañas
con tu elegante belleza.
Cuando estás
borras de mis ojos la tristeza.
Como si pudieras ver
lo que hay dentro de mí
alejas cada noche
las sombras de mis pesares,
que en verdad,
si debiera decirlo, pesan.
Pesan en mi alma.
Luna mía,
mía como el aire
que sobre mi piel pasa.
Mía, mía como el sueño que jamás alcanzaré,
mía como se tiene la vida,
así sin más,
resultas ser ciertamente mía
hasta el amanecer.

Se alejó como el viento

Le hablé de mis antepasados,
y de su pueblo y mi pueblo.
De que no éramos aún entonces,
que aún no habían escrito nuestros nombres.
Le hablé de mis deseos
porque se cumplan las promesas del Creador.
Le hablé de lo pronto que vendrá y,
de que aunque no viviremos mucho,
más que un momento, ese día llegará.
El día que no habrá más que felicidad
y eternidad para la humanidad.
Le hablé de lo afortunado que soy por saberlo
y que quiero que también lo sepa,
pero se negó a saberlo.
Le hablé del fin del mundo,
el que conocemos,
le hablé del ayer y del mañana,
le hablé de un mundo nuevo
y de un nuevo comienzo.
Le hablé de lo que siento,
de lo que he aprendido y descubierto.
Le hablé de Dios
y se alejó como se aleja el viento…

La soledad bajo las estrellas

A lo lejos
mis pensamientos se pierden
hasta donde alcanzan a ver mis ojos.
La oscuridad se extiende
más allá de la inmensidad,
mientras en mis adentros,
los secretos de mi corazón florecen.
Los recuerdos me quiebran a gotas,
el grito de mi alma me ensordece
en el silencio.
En pecho abierto,
un corazón latiendo
apenas me sostiene.
Dentro y fuera no hay nada más que,
el profundo silencio de la soledad
bajo la eternidad de las estrellas.

Si no fuera por Dios eterno

A veces planeas la vida
como cuando dibujas un mapa
y esperas llegar a tu destino
en algún momento.
Sueñas y piensas
que el camino será divertido,
pero no, no es así
tropiezas, te levantas,
una y otra vez
y cada vez más herido.
Te vuelves temeroso
y menos atrevido.
Te vas,
y no vuelves a ser
tú nunca más el mismo.

Te das por vencido,
y ahí es donde comienza todo.
Es cuando el Creador te dice al oído,
levántate yo te daré fuerzas
y te cuidaré en el camino,
sí, yo te sostendré.
Tus fuerzas vuelven a ti
y estás seguro
que si no fuera por el Dios eterno,
no estarías escribiendo esto
que mana de tus adentros.

Espera

Pero…
No estás ausente de mí,
no tienes que agonizar
ahogando el pensamiento a la mar.
Deja ya de naufragar.
Espera, tira el ancla aquí,
con suerte el viento
me lleve hasta ti.

Que sea siempre tu voluntad

A la hora indicada,
en el reloj que has puesto
para mi vida,
que sea siempre tu voluntad,
y no la mía.
Dios de amor eterno,
la que gobierne mis días.

Cómete la distancia

Cómete la distancia
y camina por mi vereda.
Quédate hasta que el día amanezca
y que la noche muera
con esta espera.

Recuerdos de noche a noche

Nada me llevo,
nada excepto lo vivido.
Los tropiezos que duelen
cuando hace frío.
Recuerdos que noche a noche
están en mis sueños,
de día los olvido.
Nada dejo,
solo un par de los míos,
que ya los he perdido…
siento los tengo
si estoy dormido,
apenas vuelvo
y ya se han ido.

Cuando menos lo esperas

La soledad es tan sutil
nunca la escuchas tocar.
Cuando menos lo esperas
está sentada junto a ti,
acostada en la cama
o esperando una llamada,
un mensaje,
¡Estás solo!... Solo…
Desde antes que lo percibas
ya te han olvidado.

Tu mirada hacia la nada

¿A cuántos?
¿A cuántos les regalaste tus besos?
¿Cuántas manos tocaron tu cuerpo?
Y nadie te amó como aquél,
nadie te miró con tantas ansias.
¿Quién más lloró
y se dobló bajo la luna llena
de tu ventana?
Ahora suplicas por esa mirada,
extrañas la cuna de su pecho
y la calidez de sus besos
que para ti hasta hoy no valían nada.
Hasta hoy que ya no está,
ni el olor de las mañanas
cuando te abrazaba,
también se fue la luna que contemplaba
en la misma ventana que contemplas hoy,
en vano lo llamas cuando ya se fueron
los ojos que por ti lloraron
y los labios que te besaron
y que hoy extrañas
posando tu mirada hacia la nada.

Y no sabes qué hacer

A veces el corazón te traiciona,
te hace sentir mil cosas al mismo tiempo.
Rabia, amor, tristeza, cariño…
Y no sabes
qué hacer
con tantas emociones a la vez.
Explotas.

Después se extraña

¿Ves ese gesto de enojo bajo el sol,
y los pasos alejándose más y más?
Hacia donde sea menos hacia ti.
Un beso que se olvidó dar
o simplemente no se dio
como castigo por lo dicho.
Qué necesidad de lastimarse uno mismo.
Después se extraña,
después de ya perdido.
Termina uno arrepentido
de dar y no ser correspondido.

Tranquilo, el tiempo todo lo cura

El corazón me sigue reclamando
y yo en silencio contesto:
"Lamento mucho que aún la extrañes,
tranquilo, ya pasará tu tormento".

El tiempo todo lo cura
y aun así, no sanará tu herida
aprenderás a vivir con eso.

Te diré algo que no te dará consuelo,
el olvido anda lento
y los segundos corriendo.

Muchas veces una vida
no basta para olvidar
y créeme que te entiendo.

¡Corazón!, de veras lo siento,
yo tengo la culpa
de que estés sufriendo.

Solo te pido un favor,
por mucho que sea tu dolor,
no dejes de seguir latiendo.

Dejar ir el tiempo es morir en silencio

Dejar que todo fluya…
¿Qué es eso?
¿Qué significa eso?
He estado solo mucho tiempo
y si algo aprendí
es que dejar ir el tiempo
es morir en silencio…
Si quieres algo no lo dejes ir,
porque mañana será muy tarde para alcanzarlo,
para conseguirlo, para lograrlo.
Nunca olvides que nunca sabemos
cuánto tiempo tenemos…
El tiempo es incierto para los mortales.
No dejes que fluya sin sentido
y no dejes ese café para después…
Porque no sabes si tendrás la oportunidad
de ver otro amanecer.
Porque no sabemos si tenemos un después,
así que vive hoy y no esperes un mañana
porque solo Dios es Eterno
y la eternidad es de él.
Así que toma el timón
dirige tu barco hacia tus sueños,

que si Dios quiere llegarás a tu destino,
pero no esperes que el viento te lleve
sin dirección ni motivo,
lucha por lo que quieres
y no te rindas si fracasas…
Porque el que nunca se rinde
llega al lugar de sus esperanzas.
Para mí dejar que fluya es un no,
simplemente un no definitivo.
Hacer que pase es la diferencia.
Si tiras la moneda
y dejas que caiga sol o cara,
dejas que decida la suerte
y eso no es inteligente.
Es hoy o nunca,
porque no somos dueños de un mañana,
dejar que fluya es esperar a ver que sucede
y esperar a que suceda
es creer que somos eternos,
y no lo somos,
el tiempo en nosotros es incierto.
Estoy esta noche escribiendo
porque aún tengo aliento
pero no sé por cuánto tiempo.

Lo que sí sé, es que un día me iré
y puede que vuelva como también
pueda que no volveré.
Solo el Creador sabe quién sí y quien no,
pero mientras viva,
no dejaré que el destino
tome la decisión
ni que tampoco dirija
la dirección de mi vida.
Porque yo escribiré mi historia, ¡yo!
Y no esperaré
que el viento me lleve
donde él decida,
yo llevaré mi nave
hasta aquel muelle
y veré mi atardecer
si Dios quiere…
Haré lo mío y la parte que me toca
hasta lograr que mi corazón
y mi conciencia quieran.
Porque yo no creo en el azar
ni en el destino.

Yo soy quien escribe
las páginas de mi libro.
No importa si voy contra corriente
o si la tormenta amenaza con romperme.
Si aquel que es dueño del tiempo me permite,
pasaré por mares y desiertos
y no temeré a la muerte.
Porque sabré dónde estoy,
a dónde voy
y a dónde llegaré
con las decisiones que tome.
Mientras se me de valor
y no me abandonen las fuerzas,
mi espada siempre estará a mi diestra
para dar la vida por los que amo,
no importa si me sorprende la muerte,
porque sé que nunca será en vano.

En tus manos

Estás tan lejos,
y haces que lleguen desde ti
los vientos que mecen
las nubes de mis pensamientos.
Tú haces de la arena una roca,
los haces crecer corales
y las olas de tus mares los arropan.
En tus manos mis arenas son cristales
y mis cantos como el sonido de las olas.

El corazón de un hombre bueno

Quiero abrir los ojos en otro lugar,
un lugar donde los días sean buenos.
Donde en las noches
no te arropen las tristezas
encadenadas al alma.
Quiero abrir los ojos en un lugar
donde haya ríos de agua cristalina
y las mariposas beban de sus orillas.
Un lugar donde la ira del viento
no se coma los recuerdos de muchos años
y no rompa el corazón de un hombre bueno.
Quiero abrir los ojos donde no haya
un amanecer de perderlo todo.

Que no haga caer sobre la tierra
las lágrimas de todo un pueblo.
Sí, quiero abrir los ojos en un lugar
donde el cielo no corte los árboles
con una espada de destrucción,
y no arranque con dolor
los techos de mi gente, mi pueblo.
Quiero abrir los ojos
donde se respire sin miedo
y sin mas cerrarlos
para descansar de esto
que me pesa tanto aquí adentro…

Como la rosa de primavera

Ella es hermosa como la rosa de primavera.
Tiene dulzura en sus labios
y el corazón más noble
que un mortal puede poseer.
Pero no se confunda,
no es para nada débil
no piense que no sabe guerrear.
Es tan hermosa como las olas del mar
vestidas del color del cielo
que de encaje tienen espuma.
Su armadura es de amor
y su hermosura cálida
como el sol de la mañana
cuando aún gotea el roció
del pétalo de las rosas.
Ella es el canto de la mañana
y de la tarde la aurora.
La primera estrella del anochecer.

El abrazo sería eterno

Si un día te viera,
detendría el sol y el tiempo
así el abrazo sería eterno.
La noche no llegaría
con el mismo silencio
como llega cada vez
que muere un día.
Si un día te viera,
no podría estar en otro lugar jamás
si tú no estuvieras.

Tú llegaste a mí

Tú llegaste a mí y sin saberlo,
me diste un motivo con tu presencia.
Le diste forma a mis sueños
e incluso hiciste retoñar sentimientos
que creí muertos en mí.
Tus aguas dieron vida a mi vivir,
desde lejos la luz de tu aurora iluminó mi existir
levanté mi espada una vez más
y coloqué mi escudo sobre mí…
Mi armadura tengo puesta
porque no voy a rendirme sin saber
a quien le debo la gracia de inspirar estas letras.

Aunque fuera por un solo día

Yo quisiera ser él aunque fuera por un solo día.
¡Qué dichoso sería!
Seguramente él te mira
y en silencio, en sus pensamientos
se dice así mismo estas palabras:
¡Qué hermosura de mujer!
Si la vida me regalara un deseo,
quisiera ser él un solo día,
pido mucho, lo sé.
Bueno un solo momento, o un minuto,
siquiera en el primer beso al amanecer.

Yo quiero alas, volar hacia ti

Yo quiero alas,
yo quiero volar hacia ti.
Quiero ser como esa ave
que atraviesa los mares.
Quiero ver tu cara,
sentir tus manos.
Verme en tus ojos,
oír tu voz.
Porque donde estoy,
mis brazos no te alcanzan
y me duele no poder abrazarte.

A mitad del día de mi vida

Te encontré justo cuando no buscaba nada,
a mitad del día de mi vida
miré el atardecer de la tuya
y me enamoré.
El tiempo fue tan cruel conmigo
que me hizo nacer
quince años después…
¡Qué tragedia!
Te aseguro que hubiéramos tenido
un hermoso anochecer
si nuestros amaneceres hubieran coincidido.

Como si nada pasara

Todo y nada, eso fue.
Yo tenía todas las ganas
y tú solo deseabas irte.
En un segundo me clavabas tu espada.
Yo sentía como me arrancabas el alma.
Yo moría y tu reías
como si nada pasara.

Aquí sobre la arena de tu playa

Esto que lees mana de ti,
nació de tus aguas.
Aguas que navegué.
Aguas que naufragué.
Aguas que me hundieron.
Aguas en las que me ahogué.
Aguas que me revivieron otra vez…
Aquí sobre la arena de tu playa,
como la primera vez,
miro el mar que eres
y quiero morirme otra vez en él.

Yo quisiera

Yo quisiera que pudiéramos
coincidir en un sueño.
Aunque no sea eso posible,
yo quisiera…

Dueña de mi vida entera

Yo tengo una ilusión
y quisiera que la vida me la conceda.
Que en un momento de los dos
frente a frente nos pusiera.
Para decirle que usted
es la flor de mis tristezas,
la causa de mis insomnios
y dueña de mi vida entera.

Que sea ella

En sus ojos pequeños
veo una pasión escondida,
su mirada es muy hermosa
y su sonrisa le combina.
Sus manos son pequeñas,
suaves como el pétalo
de una rosa de primavera.
Ella guarda de mí una sonrisa
y un quizás si se pudiera…
Porque tiene que ser ella,
me lo dice el corazón
y yo opino lo mismo.
Que sea… suspiro...que sea ella.

Así la vida tiene un sabor amargo

De que me sirve la vida
si estoy lejos de los que amo,
así la vida tiene un sabor amargo
y olor de tristeza vieja
ya de muchos años.

A veces

A veces se me va la paz,
regreso al pasado
me miro y quisiera no decir
las palabras que he dicho
que han sido navajas
que han herido.
Quisiera que el hubiera
si existiera pero también quisiera
no haber existido.

Siempre cerca

No estoy solo, estás tú conmigo.
Abro los ojos y te imagino
justo al lado mío
con esa sonrisa pequeña,
luego suspiro
y sigo con mi vida
como si fuera cierto
lo que entre sueños me da vida.
Lo cierto es que estás a media tierra
pero la distancia no impide
que te quiera como te quiero
y te piense como se piensa
a quien se quiere siempre cerca.

Un día más sin vernos

Rosas en el mar, así es como me imagino
que será cuando la vea…
Que habrá un camino de rosas
de mi orilla a su orilla
a lo largo de este mar que nos separa.
Dicen que las almas que están destinadas
a estar juntas, se conocen a su tiempo
así que yo espero que el tiempo se dé prisa
porque está anocheciendo otra vez,
y se nos va un día más sin vernos.

Y la soledad ya no la quiero

Si mi ausencia te lastima
no me iré por mucho tiempo.
Yo sé bien lo que es no sentirte cerca
y la soledad ya no la quiero
desde que tú estás.

Yo no quiero que te vayas

Yo quiero una cosa decirte,
que no debes jamás irte.
Que debes quedarte aquí,
porque yo no quiero que te vayas
y tú no quieres verme triste.

La melodía de la soledad

A mi puerta toca la melodía del insomnio
que anuncia una de esas noches largas
donde se piensa en nada
y al mismo tiempo en todo…
Qué agonía más grande,
el sentirse solo
y amar la soledad
es que es el colmo,
y para variar la madrugada apenas empieza.

¡Qué será de mí!

No te he dicho todavía
lo que me haces falta.
Vendrá la distancia pronto
a llevarte a nuevos puertos
y no sé si al volver seas la misma
o ya seas del viento.
¿Qué será de mí cuando no estés?
¿A caso habrá un motivo
para escribir a solas?
No soy digno de tu vida
y no merezco soñarte en la mía,
porque tú eres la cura de mi soledad
más yo no soy nada si tú no estás.

Porque mi mundo es ella

Guardé mis letras para mí
porque el mundo me parecía tan frío
para compartirme con él.
Pero la conocí a ella
y leí en sus ojos poemas
que no sabía que escribiría después
y decidí dejarme leer por el mundo,
porque mi mundo es ella.

Para ser el viento

Yo busco un amor ciego,
para ser el viento.

Mientras aún respires

Deja que el mundo muera con sus asuntos,
y vive hoy para ti.
Ponte tu armadura
y levanta tu escudo.
No es tiempo de rendirse
mientras aún respires
y aunque las fuerzas te abandonen,
aunque sientas que no puedes luchar
tu voluntad debe ser inquebrantable
y tus deseos de vivir
como la dureza de un diamante.

Y solo entonces...

Algunos llevamos cargando
tanto en el corazón,
tantas lágrimas guardadas
sin ser lloradas
que se nos junta
un mar de sentimientos dentro,
hasta que un día
deseamos ahogarnos en ese mar
y terminar con nuestro tormento.
Justo en ese momento
es cuando muchos se quiebran
y se inclinan por tomar de la copa
de la que solo una vez se bebe.

Yo deseaba probar aunque fuera
una sola gota,
pero se me dio la fuerza
para no dejarme seducir
por el vino seductor
de aquella copa
y perderme en el sueño eterno
donde duermen los que beben de la misma.
Sé que yo que gustaré de ella
cuando se me reclame mi alma
y solo entonces conoceré el sabor a descaso
y lo que es sentir verdadera paz.

Noche a noche

Noche a noche en ti estoy pensando.
La una brilla en tus ojos
y los míos por los tuyos.
¿Qué hará la luna
si su brillo se lo robaste tú?
¿Qué haré yo sin corazón?
Me lo robaste sin razón.
Mis sueños cuelgan de tus pantorrillas.
Sueño con un beso
y mil noches más como esta
en la que la luna brilla
en la que te espero,
en la que te pienso,
en la que te escribo mis versos
y te mando mis suspiros
con el viento.

Entre las sombras

Tú…
Eres tormenta y calma,
viento y brisa,
tempestad y paz.
Lluvia y rocío,
desierto y manantial.
Yo…
Un simple mortal
que te admira entre las sombras.

Ven...

Ven, vamos a mirar un rato la luna.
Luego te regresas
a eso a lo que llamas vida.

¿Tanto arriesgas?

¿Tanto arriesgas a dejar tu barco
naufragar entre mis mares?
Podría hacerlo pedazos
o comértelo entre las olas
de mis tormentas y de mis huracanes.
Como también podría navegarlo
entre aguas tranquilas
y bañarlo con la brisa
del verano de mis días.
¿Tanto arriesgas que me dedicas
tus tiempos de esperanza
por domar a mi corazón salvaje
que no pretende ser conquistado
ni desea conquistar a nadie?...

Si tú supieras...

Cambiaría mi soledad y mi libertad
por mis últimos días contigo sin dudarlo,
porque aunque amo demasiado
mi libertad y mi soledad,
amo más escuchar tu risa y causarla.
Un abrazo tuyo me daría
la energía que necesito
para todo a lo que tenga que enfrentarme.
¡Oh!... si supieras lo que daría
para que me veas como te veo,
que me sientas como te siento,
que me ames como te amo,
que me quieras como te quiero.
Si tu supieras…

Eso debe ser…

¿A dónde te vas cuando te pienso?
Quiero pensar que te vas a la cama
y que me abrazas en tus sueños.
Eso debe ser…eso.

Donde los días sean buenos

Quiero abrir los ojos en otro lugar,
un lugar donde los días sean buenos.
Donde en las noches no te arropen las
tristezas encadenadas al ama.
Quiero abrir los ojos en un lugar donde
haya ríos de agua cristalina
y las mariposas beban de sus orillas.
Un lugar donde la ira del viento
no se coma los recuerdos de muchos años y
no rompa el corazón de un hombre bueno.
Quiero abrir los ojos en donde no haya
un amanecer de perderlo todo.
Que no haga caer sobre la tierra
las lágrimas de todo un pueblo.
Sí, quiero abrir los ojos en un lugar
donde el cielo no corte los árboles
con una espada de destrucción
y no arranque con dolor
los techos de mi gente, mi pueblo.
Quiero abrir los ojos donde se respire
sin miedo, y sin más cerrarlos
para descansar de esto que me pesa tanto
aquí dentro…

¿Dónde estás?

¿Dónde estás?
No te siento en el corazón,
te has ido lejos.
Siento que respiro cada vez menos,
mis ojos cansados están
por tantos desvelos.
Dime dónde prefieres estar
sino aquí donde te llaman mis brazos
para abrazarte con los sentimientos buenos.
Vuelve, regresa a mis horas
que se me escapa el tiempo
y me voy yendo,
me voy acabando
como se acaba una gota de agua
en el desierto.

No debería

No debería…
Pero, ¿cómo estar feliz si los pedazos
de mi vida no están aquí conmigo?
Imposible para el alma
tener un color diferente a la tristeza
si a mi sol siempre lo cubren
las tinieblas de lo que se ha ido
y no volverá.
No debería…
más, ¿cómo sonreír si la vida es vacía?
¿Cómo dar alegría a mis días
sino hay más que un par de manos vacías?
No debería…
estar así,
yo también en mis adentros,
me reclamo lo mismo.
No debería estar triste porque te has ido.

El pasado duele

A veces el pasado duele,
más ahora que cuando era presente.
A veces los recuerdos
duelen tanto
que se desea la muerte.
Las noches son tormenta
y los días agonía,
a veces se muere en vida.

Silencio

Silencio… ¡Silencio puro!
Aquí dentro huele a soledad,
y a la paz de la eternidad.
De esa paz y silencio
que abrazan los que ya no vuelven.

México. Acapulco Guerrero, (24 de octubre de 2023)

Va subiendo aquél
que por nombre lleva guerrero,
por las veredas de un cerro
las fauces de un monstruo lo acechan.
Él sabe que es probable
que su vida se acabe en esa batalla,
pues no sabe lo que le espera.
Ese hombre de corazón de león,
no teme llegar a su destino,
se lanza contra su enemigo
que ruge ferozmente.
Chocan escudos frente a frente
pero su escudo es muy resistente,
forjado por las manos del Dios
que creó el cielo, no puede romperse…

Tomando su espada
la desenvaina con destreza,
pues el monstruo lo acorrala
y no tiene más defensa
que su arma que es para él
su misma alma
Tan cortante y tan poderosa
capaz de partir por mitad
cualquier cosa
pues está hecha de fe y amor puro,
su empuñadura es de oro
y su hoja de un metal
que el hombre mortal no conoce.
Se la ha regalado su Creador, el dador de vida,
para su protección
y solo la usa para hacer el bien
y proteger a los que ama.
Ha llegado a la cima

de la montaña
se escucha el silbido de la tormenta
un gran ojo lo observa
decidido a arrasar con todo a su paso,
sus flechas son como agujas
que atraviesan sus brazos
y sin más lo derriba con fuerza y violencia,
es enorme y no es fácil mantenerse en pie,
sin embargo se reincorpora
y toma su postura de batalla,
su escudo lo protege
y su valor es más fuerte
que el miedo que le causa enfrentarlo.
Es valiente al levantar la vista
un momento y ver al monstruo comerse
todo con furor y sin piedad,
nunca sus ojos habían contemplado
tanta maldad,
ni nada más aterrador que siente

que sus piernas se doblan,
pero no tiene manera de rendirse
si lo hace todo acaba.
Debe enfrentarlo a muerte,
entra y sale buscando a los de su sangre
su familia es lo más importante
y nada más le importa,
toma la mano de su hermano
y lo dirige a salvo con los seres
causantes de darles la vida.
Todos están a salvo gracias a aquel
que siempre los cuida,
el guerrero no duerme
mira su choza destruirse poco a poco
para el monstruo es como si fuera
una hoja seca de otoño.
Aquel guerrero resiste en pie
hasta el amanecer
no ha salido ileso de aquel combate,
el monstruo no pudo hacerse de su alma

ni con la de los suyos.
Sale de su resguardo para observar
lo que nunca se olvida ni se olvidará,
cada uno de su pueblo es un guerrero
que como él lucharon juntos esa batalla
y sus brazos abrazaron a su familia,
amigos y hermanos.
Cada uno dispuesto a dar la vida por los suyos.
Lo sé…parece un cuento,
me gustaría que fuera una historia inventada,
una de esas que por fantasía se narran.
Yo lo vi y también lo viví,
fue una noche que muchos
recordarán el resto de su vida,
y otros se quedarán en nuestra memoria
desde aquel día.

No todos estamos, pero hoy puedo asegurar
que mis padres eligieron bien mi nombre
y ahora sé que aquél que me da fuerzas
más allá de las de un hombre normal,
me permite llevarlo con orgullo,
él me protegió y logré la victoria
porque su mano no me soltó
aquella noche oscura.
Cuando un monstruo llamado Otis
arrasó todo lo que mi memoria conocía…
Gracias mi Dios porque cada día
me das las fuerzas y las energías
para luchar las batallas
de la vida que me regalaste inmerecidamente.

Gracias por cada día…

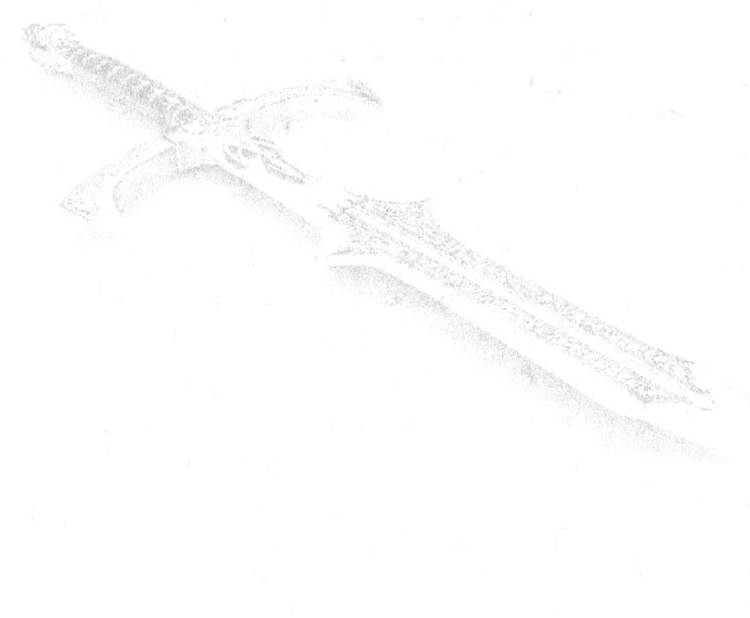

¿Te gustó este libro?
Opina en Amazon
y en redes:

Facebook: Armando Solís
Instagram: @mares_vacios
@armando87solis

Gracias por el apoyo,
es muy importante para mí.

Armando Solís
Acapulco de Juárez, Guerrero, México